Bibliografische Information der Deutschen Bibliothek.

Die Deutsche Bibliothek verzeichnet diese Publikation in der Deutschen Nationalbibliografie. Detaillierte bibliografische Daten sind im Internet über http://www.dnb.de/ abrufbar.

EIN BUCH DER EDITION MICHAEL FISCHER

1. Auflage 2018

Covergestaltung und Layout: Verena Raith
Redaktion und Lektorat: Anne-Katrin Brode
Satz: Mirjam Oppelt
Bilder: Tina Bumann (S. 15, 28, 36, 39, 40, 42, 64, 66, 68), Jennifer Friedrich (S. 30, 88, 90)
Sarah Plavic (alle weiteren)
Texte und Rezepte: Clara Hansemann (S. 10, 11, 13, 37, 38, 41, 43, 65, 67, 69, 92, 93),
Jennifer Friedrich (S. 31, 89, 91, 94, 95), Sarah Plavic (alle weiteren),

ISBN 978-3-96093-062-4

Gedruckt bei Polygraf Print, Čapajevova 44, 08001 Prešov, Slowakei

www.emf-verlag.de

BASIC BACKEN
Weihnachten

EMF

EIN BUCH DER
EDITION MICHAEL FISCHER

INHALT

GRUNDLAGEN

REZEPTE

KLEINIGKEITEN

GRUNDLAGEN

BUTTERPLÄTZCHEN

ZUTATEN

200 g weiche Butter
100 g Puderzucker
1 Ei (Größe M)
300 g Mehl

für ca. 60 Stück

ZUBEREITUNG

Die Butter in Stücke schneiden und mit den Schneebesen des Handrührgeräts oder der Küchenmaschine cremig-weiß rühren, dabei nach und nach den Puderzucker zugeben. Zuletzt das Ei zugeben und alles gründlich zu einer luftig-cremigen Masse rühren.

Das Mehl dazugeben und zügig untermischen, ohne den Teig zu kräftig zu rühren oder zu kneten – evtl. einfach mit einem Löffel locker rühren. Den Teig zu einer Kugel rollen, in Folie wickeln und 1–2 Stunden im Kühlschrank kühlen.

Den Backofen auf 175 °C Ober-/Unterhitze (160 °C Umluft) vorheizen. Teig auf möglichst wenig Mehl etwa 4 mm dick ausrollen, Plätzchen in gewünschter Form ausstechen und mit etwas Abstand zueinander auf ein mit Backpapier ausgelegtes Blech legen. Im heißen Ofen (Mitte) 10–12 Minuten hellbraun backen. Herausnehmen, erst kurz auf dem Blech, dann vollständig auf einem Kuchengitter auskühlen lassen. Anschließend nach Wunsch noch verzieren (s. S. 14).

SCHOKO-BUTTERPLÄTZCHEN

ZUTATEN

200 g weiche Butter
100 g Puderzucker
1 Eigelb (Größe M)
220 g Mehl
40 g Kakaopulver

für ca. 60 Stück

ZUBEREITUNG

Die Butter in Stücke schneiden und mit den Schneebesen des Handrührgeräts oder der Küchenmaschine cremig-weiß rühren, dabei nach und nach den Puderzucker zugeben. Danach das Eigelb zugeben und gründlich unterrühren.

Mehl und Kakaopulver mischen, dazugeben und zügig untermischen, ohne den Teig zu kräftig zu rühren oder zu kneten – evtl. einfach mit einem Löffel locker zusammenfügen. Dann den Teig zu einer Kugel rollen, in Folie wickeln und 1–2 Stunden im Kühlschrank kühlen.

Den Backofen auf 175 °C Ober-/Unterhitze (160 °C Umluft) vorheizen. Teig auf möglichst wenig Mehl etwa 4 mm dick ausrollen, Plätzchen in gewünschter Form ausstechen und mit etwas Abstand zueinander auf ein mit Backpapier ausgelegtes Blech legen. Im heißen Ofen (Mitte) 10–12 Minuten hellbraun backen. Herausnehmen, erst kurz auf dem Blech, dann vollständig auf einem Kuchengitter auskühlen lassen. Anschließend nach Wunsch noch verzieren (s. S. 14)

BUTTERCREME

ZUTATEN

200 g Zucker

150 g Eiweiß
(entspricht 5 Eiweiß)

450 g weiche Butter
(Zimmertemperatur)

ZUBEREITUNG

Zucker und Eiweiß in einer Rührschüssel über einem Wasserbad konstant verrühren, bis der Zucker aufgelöst ist und die Temperatur 80 °C erreicht hat. Vom Herd nehmen.

Das Eiweiß nun ungefähr 8–10 Minuten steif schlagen, bis die Masse abgekühlt ist.

Weiche Butter löffelweise unterrühren und so lange verrühren, bis eine glatte Creme entstanden ist.

Nach Belieben nun püriertes Obst, Liköre, Extrakte oder Lebensmittelfarbe hinzufügen und gut verrühren.

ZUCKERGUSS FÜR PLÄTZCHEN

ZUTATEN

250 g Puderzucker

5–6 EL Wasser oder Milch

evtl. 2 EL Zitronensaft

Lebensmittelfarbe nach Wunsch

(mindestens) 2 kleine Dekorierflaschen

TIPP

Wer keine weißen Begrenzungsränder haben möchte, kann natürlich auch den dicken Zuckerguss entsprechend farbig einfärben.

ZUBEREITUNG

Die Hälfte des Puderzuckers vorsichtig mit 2–2½ Esslöffeln Wasser oder Milch zu einer zähflüssigen Masse verrühren. Sie sollte so dick sein, dass sie an einer hineingetauchten Gabel erst haftet und anschließend nur ganz langsam heruntertropft. Diesen zähflüssigen Guss in eine Dekorierflasche geben (am besten mithilfe eines kleinen Trichters).

Die andere Hälfte vorsichtig mit 2½–3 Esslöffeln Wasser oder Milch (oder 1 Esslöffel Wasser gemischt mit 2 Esslöffel Zitronensaft) zu einer etwas flüssigeren Masse verrühren – diese läuft nun relativ schnell und einfach von einer Gabel. Den Guss mit Lebensmittelfarbe einfärben.

Nun mit dem dicken, weißen Guss Außenlinien auf Plätzchen anbringen, also z. B. an den Plätzchenrändern, aber auch überall dort, wo anschließend Flächen dazwischen ausgemalt werden sollen. Die Dekorierflasche dazu senkrecht halten und den Guss gleichmäßig herausdrücken. Anschließend ganz oder zumindest gut antrocknen lassen.

Mit dem dünnflüssigeren, farbigen Guss anschließend den ausgesparten Raum innerhalb der weißen Linien ausfüllen. Den Guss gut trocknen lassen, erst dann die Plätzchen in Aufbewahrungsdosen packen.

VERZIERUNGEN

ZUTATEN

Für Buttercreme
Mehrweg-Spritzbeutel aus Stoff

Für Schokolade
Einweg-Spritzbeutel aus Plastik

Für Cupcakes
Große Tüllen mit runden oder sternförmigen Öffnungen

Für feine Verzierungen
Kleine Tüllen mit runden Öffnungen

ZUBEREITUNG

Für Verzierungen mit Buttercremes verwendet man am besten große Mehrweg-Spritzbeutel aus Stoff.

Für Schokoladenverzierungen eignen sich am besten Einweg-Spritzbeutel aus Plastik.

Hat man keinen Spritzbeutel zur Hand, kann man auch einen stabilen Gefrierbeutel umfunktionieren: einfach eine Ecke abschneiden und die Tülle in die abgeschnittene Ecke platzieren.

Es gibt jede Menge Tüllen mit verschiedensten Öffnungen und diversen Größen. Zur Verzierung von Cupcakes eignen sich am besten große Tüllen mit runden oder sternförmigen Öffnungen. Das perfekte Häubchen auf den Cupcakes gelingt, indem man zunächst in der Mitte ein wenig Buttercreme aufspritzt, jetzt von außen nach innen und gleichzeitig von unten nach oben um die Buttercreme in der Mitte die restliche Creme aufspritzen.

Für feinere Verzierungen eignen sich am besten kleine Tüllen mit runden Öffnungen, damit lässt sich präzise arbeiten.

REZEPTE

ZIMTSTERNE MIT GLASUR

ZUTATEN

250 g Puderzucker

3 Eiweiß

1 Prise Salz

350 g gemahlene Mandeln

3 TL Zimt

1 TL Kirschwasser

Außerdem

Mehl zum Ausrollen

Nudelholz

Sternförmige Keksausstecher

Zahnstocher

Für 90 Stück

TIPP

Um Eiweiß steif zu bekommen, am besten die Schüssel vorher mit ein wenig Zitronensaft oder Essig entfetten!

ZUBEREITUNG

Als erstes den Puderzucker in eine kleine Schüssel sieben und beiseitestellen.

In einer Rührschüssel das Eiweiß mit dem Salz dickflüssig schlagen. Währenddessen den Puderzucker einrieseln lassen.

Von der Eischnee-Masse nun 6 Esslöffel in eine kleine Schüssel geben und zum Glasieren aufheben.

Mandeln mit Zimt vermengen und mit dem Kirschwasser unter die größere Menge Eischnee-Masse heben.

Den entstandenen Teig in Frischhaltefolie einwickeln und etwa 1 Stunde oder über Nacht in den Kühlschrank stellen.

Ofen auf 140 °C Ober-/Unterhitze (125 °C Umluft) vorheizen. Den Teig auf einer bemehlten Arbeitsfläche ausrollen und Sterne mit dem Keksausstecher ausstechen. Die Sterne nun auf das mit Backpapier ausgelegte Backblech legen.

Einen Tropfen Eischnee-Masse als Glasur mit einem kleinen Löffelchen auf jeweils einen Stern geben und anschließend mit einem Zahnstocher über den ganzen Stern verteilen.

Die Sterne im Ofen (Mitte) für etwa 11–12 Minuten backen. Darauf achten, dass die Eiweiß-Glasur nicht gelblich wird! Abkühlen lassen und servieren.

TIPP

Wer keine Spekulatius-Förmchen hat, kann einfach den Teig nach Belieben ausstechen.

SPEKULATIUS
MIT FEINEN GEWÜRZEN

ZUTATEN

250 g Mehl
2 TL Zimt
1 TL Ingwer
½ TL Kardamom
1 Prise gemahlene Nelken
1 Prise gemahlener Muskat
1 Prise weißer Pfeffer
1 Prise gemahlener Anis
1 Prise Salz
1 Prise Natron
110 g Butter
120 g brauner Zucker
1 Ei

Außerdem
Speisestärke für die Förmchen
Spekulatius-Formen aus Holz
Pinsel
Scharfes Messer

Für 50 Stück

ZUBEREITUNG

Mehl mit Zimt, Ingwer, Kardamom, Nelken, Muskat, Pfeffer, Anis, Salz und Natron in einer kleinen Rührschüssel vermengen. Beiseitestellen. Butter in Würfel schneiden.

In einer mittleren Rührschüssel Zucker und Ei mit einem Rührgerät etwa 2 Minuten lang hell cremig schlagen.

Unter langsamem Rühren das Mehl mit der Butter dazugeben und zu einem Teig verkneten. Weiterrühren, bis der Teig zu einer homogenen Masse wird.

Den Teig nun in Frischhaltefolie wickeln und mindestens 1 Stunde oder über Nacht in den Kühlschrank legen.

Die Hälfte des Teigs herausnehmen, einen kleinen Teil wegnehmen und dann mit den Fingern eine Weile weich kneten.

Die Holzförmchen mit ein wenig Speisestärke bestäuben. Den Teig nun in die Form drücken und den restlichen Teig mit einem scharfen Messer von der Spekulatius-Form wegschneiden. Nun den Teig vorsichtig aus dem Förmchen lösen. Es hilft, wenn man das Förmchen von allen Seiten ein wenig auf die Arbeitsfläche klopft. Die vorgeformten Kekse auf ein mit Backpapier ausgelegtes Backblech legen. Wenn alle Kekse fertig sind, erneut für einige Stunden im Kühlschrank kühlen, damit die Form beim Backen hält.

Den Ofen auf 190 °C Ober-/Unterhitze (170 °C Umluft) vorheizen. Die Spekulatius anschließend für etwa 10–12 Minuten im Ofen (Mitte) goldbraun backen. Abkühlen lassen.

GEFÜLLTE LEBKUCHEN

ZUTATEN

Für das Marzipan
250 g gemahlene Mandeln
250 g Zucker
1 Ei
etwas Zitronenschale

Für den Teig
500 g Mehl
2 TL Backpulver
300 g brauner Zucker
1 Prise Salz
2 TL Zimt
¼ TL Nelken
¼ TL Ingwer
¼ TL weißer Pfeffer
¼ TL Muskat
350 g Butter

Außerdem
1 Ei
2 EL Milch
16 ganze Mandeln zum Verzieren

Für 16 Stück

ZUBEREITUNG

Für das Marzipan die Mandeln mit Zucker, Ei und etwas Zitronenschale in einer Küchenmaschine vermengen und mahlen bis eine Paste entsteht. Mit Frischhaltefolie abdecken und in den Kühlschrank stellen.

Mehl mit Backpulver, Zucker, Gewürzen und Butter vermengen und zu einem Teig kneten. Den Teig ebenfalls in Frischhaltefolie wickeln und mindestens 1 Stunde im Kühlschrank oder 30 Minuten im Gefrierfach kühlen.

Den Ofen auf 200 °C Ober-/Unterhitze (180 °C Umluft) vorheizen und den Teig ungefähr 5 mm dick auf einer bemehlten Arbeitsfläche ausrollen. Anschließend 32 Rechtecke (5 × 10 cm) mit einem scharfen Messer ausschneiden.

16 Rechtecke auf ein mit Backpapier ausgelegtes Backblech legen und auf jedes Rechteck einen Teelöffel der Marzipan-Masse geben. Anschließend mit einem zweiten Rechteck bedecken und ein Sandwich bilden. Die Ränder mit einer Gabel andrücken.

Ein Ei verquirlen und Milch hinzugeben. Die Teigtaschen damit bestreichen und mit den Mandeln dekorieren. 9–12 Minuten im Ofen (Mitte) backen. Abkühlen lassen.

WEIHNACHTLICHE BUNTGLASKEKSE

ZUTATEN

1 Handvoll harte Fruchtbonbons ohne Füllung

150 g Butter

100 g Zucker

1 Ei

1 TL Vanilleextrakt oder 1 Packung Vanillezucker

200 g Mehl

1 TL Backpulver

1 Prise Salz

Außerdem
1 kleine und 1 große sternförmige Ausstechform

Für 55 Stück

ZUBEREITUNG

Bonbons auspacken und jeweils eine Farbe in einen Frischhaltebeutel geben. Diesen verschließen und mit einem Nudelholz die Bonbons zerkleinern. Beiseitelegen. Dieser Vorgang kann mit verschiedenen Farben wiederholt werden.

Butter mit Zucker cremig schlagen. Das Ei und die Vanille hinzugeben. Anschließend Mehl, Backpulver und Salz hinzugeben und zu einem Teig verkneten. In Frischhaltefolie wickeln und mindestens 30 Minuten im Kühlschrank kühlen.

Den Ofen auf 200 °C Ober-/Unterhitze (180 °C Umluft) vorheizen und Backblech mit Backpapier auslegen.

Teig auf einer bemehlten Arbeitsfläche ungefähr 0,5 cm dick ausrollen und jeweils zuerst die großen Sterne ausstechen und auf das Backblech legen. Anschließend kleine Sterne in der Mitte der großen Sterne ausstechen. Den Teig aus der Mitte entfernen und reichlich mit zerkleinerten Bonbonstückchen auffüllen.

Die Sterne nun etwa 12 Minuten oder bis sie goldbraun sind, im Ofen (Mitte) backen. Aus dem Ofen nehmen. Falls man sie aufhängen möchte, mit einem Schaschlikspieß jeweils direkt ein Loch ausstechen, sodass man später den Faden zum Aufhängen durchziehen kann. Abkühlen lassen und erst dann vom Backblech entfernen.

CRANBERRY-ORANGE-KEKSE

ZUTATEN

60 g getrocknete Cranberrys

120 g Zucker

300 g Mehl

220 g Butter

Schale von 1 Bio-Orange

1 TL Mandelextrakt

Außerdem
3 EL Zucker

Für 40 Stück

ZUBEREITUNG

Als erstes Cranberrys und 40 g Zucker in einen Mixer geben und klein hacken.

Mehl mit dem restlichen Zucker in einer Rührschüssel vermengen. Kalte Butter in Stückchen dazugeben und vermengen. Cranberry-Zucker-Mischung, Orangenschale und Mandelextrakt einrühren.

Anschließend den Teig mit den Händen kurz verkneten und zu einer langen Wurst rollen. Diese in Backpapier oder Frischhaltefolie einwickeln und für mindestens 2 Stunden oder über Nacht in den Kühlschrank legen.

Ofen auf 180 °C Ober-/Unterhitze (160 °C Umluft) vorheizen und Backblech mit Backpapier auslegen. 3 Esslöffel Zucker in einen Suppenteller geben.

Den Teig in etwa 5 mm dicke Scheiben schneiden. Diese anschließend in Zucker wälzen und mit genügend Abstand auf dem Backblech anordnen.

Die Kekse für etwa 8–10 Minuten im Ofen (Mitte) backen, bis sie leicht goldbraun sind und anschließend abkühlen lassen.

TIPP

Chaigewürz statt Yogitee: je ¾ TL gemahlener Zimt und Kardamom, ⅛ TL gemahlene Nelken, Ingwerpulver und 2–3 kräftige Prisen gemahlener schwarzer Pfeffer.

WEIHNACHTLICHE SNICKERDOODLES

ZUTATEN

3–4 Beutel Yogitee (Gewürztee ohne Schwarztee, s. Tipp)

160 g Zucker

150 g weiche Butter

¼ TL Salz

1 Ei (Größe M)

200 g Mehl

1 TL Backpulver

Für ca. 30 Stück

ZUBEREITUNG

Den Tee aus den Beuteln lösen und die grobgemahlenen Gewürze im Mörser fein zerreiben, evtl. noch durch ein feines Sieb streichen – man braucht 2 Teelöffel feines Gewürzpulver. 1 Teelöffel davon mit 3 Esslöffel Zucker in einem großen Schälchen mischen.

Den Backofen auf 175 °C Ober-/Unterhitze (160 °C Umluft) vorheizen. Butter in Stücke schneiden und mit den Schneebesen des Handrührgeräts oder der Küchenmaschine cremigweiß rühren, dabei nach und nach den übriggebliebenen Zucker und Salz zugeben. Das Ei zugeben und alles gründlich zu einer luftig-weißen Creme verrühren.

Mehl mit Backpulver und 1 Teelöffel Yogiteepulver mischen. Zur Eier-Zucker-Masse geben und alles zügig zu einem weichen Teig zusammenfügen. Jeweils etwas von dem Teig mit einem Teelöffel abnehmen und daraus etwa 3 cm große Kugeln formen, diese im Yogiteezucker wälzen und mit Abstand zueinander auf mit Backpapier ausgelegte Bleche verteilen.

Die Kugeln mit einem Teigspatel oder Glas etwa 1,5 cm hoch flach drücken und mit dem übrigen Yogiteezucker bestreuen. Im heißen Ofen (Mitte) 12–14 Minuten hellbraun backen. Herausnehmen, leicht abkühlen lassen, dann auf einem Kuchengitter vollständig abkühlen lassen.

KARDAMOMTALER

ZUTATEN

180 g Vollkornmehl

120 g Dinkelmehl

80 g Rohrohrzucker

1 Prise Salz

½ TL Kardamom

2 Eigelb

200 g kalte Butter

Außerdem:
Spitzendeckchen

Lebensmittelfarbe (Spray oder Puder) oder Puderzucker

Für ca. 50 Stück

ZUBEREITUNG

Das Vollkorn- und Dinkelmehl auf die Arbeitsplatte sieben und in die Mitte eine Mulde drücken. In diese Zucker, Salz und Kardamom geben und mit dem Eigelb vermengen. Die Butter in kleine Würfel schneiden und auf dem Rand verteilen. Alles gut mit einem Messer durchhacken, damit der Teig nicht zu schnell erwärmt wird. Dann mit den Händen zu einem glatten Teig verkneten. Den Teig flachdrücken und mit Frischhaltefolie abgedeckt mindestens 1 Stunde im Kühlschrank ruhen lassen.

Den Ofen auf 170 °C Ober-/Unterhitze (150 °C Umluft) vorheizen. Den Teig auf einer bemehlten Arbeitsfläche 5 mm dick ausrollen und ausstechen. Die Kekse auf ein mit Backpapier belegtes Backblech legen und etwa 10–12 Minuten im Ofen (Mitte) backen. Aus dem Ofen nehmen und auf einem Kuchengitter auskühlen lassen.

Das Spitzendeckchen auf den Keks legen und mit Lebensmittelspray einsprühen oder mit einem Pinsel und Lebensmittelpuder bzw. Puderzucker bestäuben.

TIPP

Achtet auf genügend Abstand zwischen den Keksen, da diese recht groß werden!

INGWERKEKSE MIT WEISSER SCHOKOLADE

ZUTATEN

270 g Mehl
1 TL Natron
1 Prise Salz
2 TL Ingwer
¼ TL Nelken
¼ TL Muskatnuss
160 g Butter
100 g Zucker
100 g brauner Zucker
1 Ei
90 g Melasse
1 TL Vanilleextrakt

Außerdem
5 EL weißer Zucker
200 g weiße Schokolade
2 TL Kokosfett

Für 30 Stück

ZUBEREITUNG

Mehl mit Natron, Salz, Ingwer, Nelken und Muskatnuss vermengen und beiseitestellen.

Weiche Butter (Zimmertemperatur) und beide Zuckersorten mithilfe eines Rührgeräts etwa 3–4 Minuten lang cremig aufschlagen. Das Ei hineinschlagen und weiterrühren. Anschließend Melasse und Vanille hinzugeben.

Die Mehl-Mischung langsam während des Rührvorgangs hinzugeben und alles zu einem gleichmäßigen Teig vermengen. Den Teig in Frischhaltefolie einwickeln und anschließend mindestens 1 Stunde im Kühlschrank oder 30 Minuten im Gefrierfach kühlen.

Den Ofen auf 180 °C Ober-/Unterhitze (160 °C Umluft) vorheizen. Vom Teig mit einem Esslöffel jeweils eine kleine Portion abtrennen und daraus eine Kugel formen. Diese in dem zusätzlichen Zucker wälzen, anschließend auf ein mit Backpapier ausgelegtes Blech mit genügend Abstand zu den anderen Kugeln legen und leicht andrücken.

Die Kekse etwa 8–10 Minuten im Ofen (Mitte) goldbraun backen. In der Zeit die Schokolade hacken und das Kokosfett hinzugeben. Kekse abkühlen lassen und die Schokolade schmelzen. Zum Schluss die Kekse zur Hälfte in Schokolade tunken und trocknen lassen.

BUTTERKEKS-STANGEN MIT STREUSELN

ZUTATEN

110 g Butter

55 g Zucker

120 g Mehl

1 Msp. Backpulver

1 EL Milch

1 TL Vanilleextrakt

Außerdem

Nudelholz

Pizzaschneider

100 g Zartbitterschokolade

Verschiedene Streusel, Kokosflocken und Dekoration nach Belieben

Für 30 Stück

ZUBEREITUNG

Die zimmerwarme Butter und den Zucker mit einem Rührgerät cremig schlagen.

Mehl mit Backpulver vermengen und nach und nach zu der Buttermasse hinzugeben.

Milch und Vanilleextrakt hinzugeben und zu einem gleichmäßigen Teig verrühren.

Den Teig in Frischhaltefolie wickeln und mindestens 1 Stunde im Kühlschrank oder 30 Minuten im Gefrierfach kühlen.

Ofen auf 180 °C Ober-/Unterhitze (160 °C Umluft) vorheizen. Anschließend den Teig auf einer bemehlten Arbeitsfläche ungefähr 5 mm dick ausrollen. Mit einem Pizzaschneider etwa 1 cm dicke lange Streifen schneiden.

Aus den Streifen ungefähr 10 cm lange Stangen schneiden, auf ein mit Backpapier ausgelegtes Backblech legen und für etwa 8–10 Minuten im Ofen (MItte) backen, bis die Stäbchen goldbraun sind. Abkühlen lassen.

Schokolade vorsichtig schmelzen lassen. Die Stangen mit einer Seite in die Schokolade tunken und dann nach Belieben mit Streuseln dekorieren.

SCHWARZ-WEISS-GEBÄCK

ZUTATEN

30 g weiße Schokolade
30 g Zartbitterschokolade
250 g Mehl
100 g Zucker
1 Päckchen Vanillezucker
¾ TL Backpulver
1 Prise Salz
150 g kalte Butter
2 Eigelb (Größe L)
1 EL Kakaopulver
1 Eiweiß (Größe L)

Für ca. 50 Stück

ZUBEREITUNG

Beide Schokoladesorten getrennt fein mahlen oder reiben.

Mehl, Zucker, Vanillezucker, Backpulver und 1 Prise Salz in einer Schüssel mischen. Butter in Flöckchen schneiden und daraufgeben, dann mit einem Messer rasch zu einer krümeligen Masse hacken. Eigelbe zugeben, ebenfalls unterhacken, dann alles zwischen den Händen zu feinen Bröseln zerreiben und zügig zusammenkneten.

Den Teig halbieren und unter eine Hälfte die weiße Schokolade, unter die andere die Zartbitterschokolade und den Kakao kneten. Auf einer leicht bemehlten Arbeitsfläche zu gleich großen Rechtecken von 1 cm Höhe ausrollen.

Den Teig jeweils längs in 1 cm breite Streifen schneiden. Je einen hellen und dunklen Streifen aneinanderlegen, dabei die Fläche, an der sie sich berühren, leicht mit Eiweiß bepinseln. Obenauf mit Eiweiß bepinseln und wechselseitig einen dunklen und hellen Streifen auflegen und leicht andrücken. Die Teigstangen so einzeln in Folie schlagen und 2 Stunden im Kühlschrank kühlen.

Den Backofen auf 160 °C Ober-/Unterhitze (140 °C Umluft) vorheizen. Die Teigstangen quer in etwa 5 mm dicke Quadrate schneiden und mit Abstand zueinander auf mit Backpapier belegte Bleche legen.

Im heißen Ofen (Mitte) 10–12 Minuten backen, bis sie ganz leicht zu bräunen beginnen. Herausnehmen, leicht abkühlen lassen und anschließend auf einem Kuchengitter vollständig auskühlen lassen.

KONFETTI-MÜRBETEIGGEBÄCK

ZUTATEN

220 g kalte Butter

300 g Mehl

100 g Zucker

1 Päckchen Vanillezucker

½ TL Salz

½ TL Backpulver

je 1 EL weiße, grüne und rote Zuckerstreusel oder Mini-Zuckerperlen

Für ca. 60 Stück

ZUBEREITUNG

Die Butter in Stückchen schneiden und mit dem Mehl, dem Zucker, dem Vanillezucker, Salz und dem Backpulver in einer Rührschüssel mischen. Mit den Knethaken des Handrührgeräts oder der Küchenmaschine so lange rühren, bis feuchte Krümel entstanden sind, die leicht an nassen Sand erinnern.

Die Zuckerstreusel (etwa 1 Esslöffel davon zurückbehalten) zugeben und alles mit den Händen rasch zu einem glatten Teig kneten. Den Teig in Folie wickeln und 1 Stunde in den Kühlschrank stellen.

Den Backofen auf 175 °C Ober-/Unterhitze (160 °C Umluft) vorheizen. Den Teig auf einer bemehlten Arbeitsfläche etwa 1,5 cm hoch, quadratisch ausrollen und mit einem scharfen Messer in 3 cm große Quadrate schneiden.

Mit den übrigen Streuseln bestreuen und diese leicht eindrücken. Die Teigquadrate vorsichtig mit etwas Abstand zueinander auf ein mit Backpapier ausgelegtes Blech legen. Im heißen Ofen (Mitte) 15–18 Minuten backen. Herausnehmen und erst auf dem Blech leicht abkühlen, dann auf dem Kuchengitter vollständig auskühlen lassen.

TIPP

Schale und Saft 1 Bio-Orange, 180 g Cranberrys fein gehackt, 90 g Gelierzucker (2:1), Mark 1 Vanilleschote und 3 EL Portwein in einem Topf mischen und zugedeckt 1 Stunde ziehen lassen. Aufkochen und 4–5 Minuten sprudelnd kochen lassen. Sofort in ein heißes, sauberes Twist-off-Glas füllen und verschließen.

LINZER PLÄTZCHEN

ZUTATEN

150 g weiche Butter

50 g Puderzucker

1 Ei (Größe M)

1 TL Kirschwasser

150 g Mehl

150 g gemahlene Haselnüsse

¼ TL Zimtpulver

1 Msp. gemahlene Nelken

1/2 TL Kakaopulver

Puderzucker zum Bestäuben

150 g Cranberry-Konfitüre (siehe Tipp; ersatzweise Himbeerkonfitüre)

Für ca. 30 Stück

ZUBEREITUNG

Die Butter in Stücke schneiden und mit den Schneebesen des Handrührgeräts oder der Küchenmaschine cremig-weiß rühren, dabei nach und nach den Puderzucker dazugeben. Anschließend das Ei und Kirschwasser zugeben und alles zu einer cremigen Masse rühren.

Mehl, Haselnüsse, Gewürze und Kakaopulver mischen, zur Buttermasse geben und zügig mit den Händen zu einem glatten Teig verkneten. Teig in Folie wickeln und 1 Stunde im Kühlschrank ruhen lassen.

Den Backofen auf 175 °C Ober-/Unterhitze (160 °C Umluft) vorheizen. Den Teig auf einer leicht bemehlten Arbeitsfläche 3–4 mm dick ausrollen und Kreise, Sterne oder Herzen ausstechen. Aus der Hälfte der Kreise in der Mitte kleine Herzen, Sterne oder Löcher ausstechen. Die Plätzchen auf ein mit Backpapier ausgelegtes Blech legen und im heißen Ofen (Mitte) 8–10 Minuten backen. Herausnehmen, erst auf dem Blech, dann auf dem Kuchengitter auskühlen lassen.

Die Plätzchen mit den ausgestochenen Motiven mit Puderzucker überstäuben. Die anderen Plätzchen mit Cranberrykonfitüre bestreichen und jeweils ein überzuckertes Plätzchen mit „Fenster“ auflegen und leicht festdrücken.

LEBKUCHENMÄNNER

ZUTATEN

120 g Zucker

100 ml Zuckerrohr-Melasse

1½ TL gemahlener Ingwer

1 TL Zimtpulver

je 2 gute Prisen gemahlene Nelken und Muskatblüte (Macis)

1 TL Natron

125 g kalte Butter

1 Ei (Größe M)

350 g Mehl

80 g Puderzucker

1½ TL Zitronensaft

Für ca. 40 Stück

ZUBEREITUNG

Den Zucker und die Melasse in einem Topf erhitzen, bis der Zucker geschmolzen ist. Die Gewürze und das Natron unterrühren. Die Butter in Stücke schneiden, dazugeben und rühren, bis sich alles gut verbunden hat. Die Masse lauwarm abkühlen lassen. Dann erst das Ei gründlich unterrühren, portionsweise das Mehl zugeben und jeweils gründlich unterrühren. Den Teig abkühlen lassen, in Folie wickeln und über Nacht im Kühlschrank kühlen.

Am nächsten Tag den Teig vierteln oder halbieren und portionsweise auf einer bemehlten Arbeitsfläche etwa 4 mm dick ausrollen. Mit Ausstechern ausstechen und anschließend die Plätzchen mit reichlich Abstand zueinander auf mit Backpapier ausgelegte Bleche legen.

Den Backofen auf 200 °C Ober-/Unterhitze (180 °C Umluft) vorheizen und die Plätzchen darin (Mitte) 8–10 Minuten hellbraun backen. Herausnehmen, erst kurz auf dem Blech, dann auf einem Kuchengitter auskühlen lassen.

Puderzucker und Zitronensaft glatt verrühren und in eine kleine Spritzdekorflasche oder -beutel füllen. Die Plätzchen damit verzieren: Gesicht, Kleidung und Knöpfe aufspritzen. Auf ein Kuchengitter legen und trocknen lassen.

CHILI-SCHOKO-KIPFERL

ZUTATEN

50 g Zartbitterschokolade
100 g Pekannüsse
150 g Mehl
1 Prise Salz
½ TL gemahlener Zimt
2 Msp. Chilipulver
50 g feiner Zucker
150 g kalte Butter
1 Päckchen Vanillezucker
4 EL Puderzucker
2 TL Kakaopulver

Für ca. 50 Stück

ZUBEREITUNG

Die Schokolade fein reiben oder im Blitzhacker fein mahlen. Pekannüsse ebenfalls fein mahlen. Beides mit Mehl, Salz, Zimt, Chilipulver und Zucker mischen und großzügig auf der Arbeitsfläche verteilen.

Butter in Flöckchen schneiden und auf der Mehlmischung verteilen. Alles mit einem großen Messer ineinanderhacken, dann zwischen den Händen zügig krümelig zerreiben und zuletzt locker zu einem Teig zusammenkneten. Teig halbieren und zu zwei Rollen à 3 cm Durchmesser formen, diese in Folie wickeln und 1–2 Stunden im Kühlschrank kühlen.

Teigrollen in etwa 1 cm dicke Scheiben schneiden. Die Scheiben zu kleinen etwa 6 cm langen Würstchen mit spitzen Enden formen, zu Hörnchen biegen und auf mit Backpapier ausgelegte Bleche legen. Nochmal 30 Minuten kühl stellen.

Den Backofen auf 150 °C Ober-/Unterhitze (130 °C Umluft) vorheizen. Die Hörnchen im heißen Ofen (Mitte) 18–20 Minuten backen. Herausnehmen und kurz abkühlen lassen.

Inzwischen Vanillezucker, Puderzucker und Kakaopulver in einem tiefen Teller gut mischen. Die noch warmen Hörnchen vorsichtig darin wenden und auf einem Kuchengitter vollständig auskühlen lassen.

LEBKUCHEN-WAFFELN

ZUTATEN

240 g Mehl
55 g Zucker
1 TL Backpulver
1 TL Natron
1 Prise Salz
1½ TL Zimt
1 TL Ingwer
1 Prise Nelken
1 Prise Muskat
90 g Butter
4 Eier
240 ml Milch
100 g saure Sahne
3 EL Melasse
etwas Öl zum Einfetten des Waffeleisens

Außerdem
Waffeleisen
Saure Sahne und Beerenkonfitüre

Für 12–14 Stück

ZUBEREITUNG

Mehl mit Zucker, Backpulver, Natron, Salz und den Gewürzen in einer Schüssel vermengen. Beiseitestellen.

Butter in einem Topf oder in der Mikrowelle schmelzen lassen.

Eier mit geschmolzener Butter, Milch, saurer Sahne und Melasse mithilfe eines Rührgeräts zu einer glatten Masse rühren. Anschließend die Mehlmischung langsam unter Rühren dazugeben und alles gut vermengen.

Ein Waffeleisen einfetten, ungefähr 2–3 Esslöffel Teig pro Waffel verwenden und die Waffeln backen.

Mit saurer Sahne und einer Beerenkonfitüre servieren.

KOKOSNUSS-SCHNEEBÄLLE

ZUTATEN

150 g Zucker

50 g Speisestärke

250 ml Milch

125 g Butter oder Kokosfett

100 g Kokosflocken

1 Päckchen Vanillezucker

33 blanchierte Mandeln

Außerdem

100 g Kokosflocken

Pralinen-Papierförmchen

Für 33 Stück

ZUBEREITUNG

Den Zucker mit der Speisestärke in einer kleinen Schüssel vermengen. Beiseitestellen.

In einem Topf die Milch auf hoher Hitze erwärmen und sobald die Milch köchelt, die Zucker-Speisestärke-Masse unter ständigem Rühren unterrühren, sodass eine dickflüssige Konsistenz entsteht. Vom Herd nehmen.

Butter in die Milch-Masse einrühren, bis diese komplett geschmolzen und vermengt ist. Anschließend Kokosflocken und Vanillezucker einrühren. Die Masse nun 2 Stunden in den Kühlschrank stellen.

Aus der gekühlten Masse kleine Portionen mit einem Teelöffel entnehmen und Kugeln formen. In die Mitte jeweils eine Mandel geben. Zum Schluss die Kugel in Kokosflocken wälzen. In kleine Pralinen-Papierförmchen geben und bis zum Servieren erneut kühlen.

GEZUCKERTE CRANBERRYS

ZUTATEN

110 g Zucker

150 g frische Cranberrys

zusätzlichen Zucker zum Bestäuben

ZUBEREITUNG

Frische und getrocknete Cranberrys eignen sich hervorragend als Bestandteil weihnachtlicher Rezepte. Die gezuckerte Variante kann man sehr gut als Dekoration für Torten und Gebäck, aber auch für Getränke verwenden.

Den Zucker mit 120 ml Wasser zum Kochen bringen, bis sich der Zucker aufgelöst hat.

Die Cranberrys im Zuckersirup baden und anschließend 1 Stunde auf einem Gitter abtropfen und trocknen lassen.

Nun die Cranberrys im restlichen Zucker rollen, sodass die komplette Beere mit Zucker bedeckt ist.

Anschließend erneut 1 Stunde trocknen lassen.

SCHOKO-TANNENZAPFEN

ZUTATEN

Schoko-Cornflakes
120 g feine Erdnussbutter
60 g Nougatcreme
45 g Butter
140 g Puderzucker
7 dicke, kurze Salzstangen (alternativ 14 dünne)

Außerdem
Puderzucker

Für 7 Stück

ZUBEREITUNG

Schoko-Cornflakes aussortieren und nur einzelne, eher flache aufheben.

Erdnussbutter, Nougatcreme, Butter und Puderzucker in einer Rührschüssel mit einem Rührgerät zu einer Paste vermengen. Für mindestens 30 Minuten im Kühlschrank kühlen.

Anschließend mit 1 Esslöffel etwas von der Schokopaste abtrennen und 1 Kegel um je 1 Salzstange (oder zwei dünne) formen. Alle Kegel auf einen mit Backpapier ausgelegten Teller stellen und erneut 30 Minuten im Gefrierfach kühlen.

Jeweils einen Kegel aus dem Gefrierfach nehmen und von unten nach oben die Cornflakes befestigen. Oben mit eher gebogenen Cornflakes die Spitze formen. Den fertigen Tannenzapfen bis zum Servieren kühlen. Den Vorgang mit den restlichen Tannenzapfen wiederholen.

Kurz vor dem Servieren mit Puderzucker bestäuben.

CRANBERRY SCONES

ZUTATEN

Für den Teig
250 g Mehl
2 TL Backpulver
1 TL Natron
Schale von 1 Bio-Orange
120 g kalte Butter
1 Ei
120 ml Sahne
1 TL Vanilleextrakt
1 Schuss Orangenextrakt
100 g frische Cranberrys

Für die Glasur
150 g Puderzucker
1 EL Orangensaft

Für 12 Stück

ZUBEREITUNG

Den Ofen auf 200 °C Ober-/Unterhitze (180 °C Umluft) vorheizen und ein Backblech oder eine 20 cm runde Backform mit Backpapier auslegen.

Mehl mit Backpulver, Natron und Orangenschale vermengen. Butter in kleine Stücke schneiden und in einer Rührmaschine so lange verrühren, bis die Masse krümelig wird.

Ei mit Sahne, Vanilleextrakt und Orangenextrakt kurz verquirlen. Während des Rührens zum Mehl geben und zu einem Teig kneten. Die frischen Cranberrys zum Schluss per Hand unterrühren.

Teig auf eine bemehlte Arbeitsfläche geben und mit den Händen zu einem ungefähr 2–3 cm hohen Kreis formen. Diesen nun auf das Backblech oder in die Backform geben. Den Kreis achteln und anschließend 23 Minuten im Ofen (Mitte) goldbraun backen. Abkühlen lassen.

Für die Glasur den Puderzucker mit dem Orangensaft vermengen und zu einer dickflüssigen Glasur verrühren. Je nach Bedarf mehr Puderzucker hinzugeben. Die Scones mit der Glasur beträufeln und am besten noch warm servieren.

RIESIGE ZIMTSCHNECKE

ZUTATEN

Für den Teig
1 EL Zucker
125 ml warme Milch
½ Würfel frische Hefe
250 g Mehl
1 Eigelb
1 Prise Salz
55 g zerlassene Butter

Für die Füllung
55 g zerlassene Butter
3 EL brauner Zucker
3 TL Zimt

Außerdem
Hagelzucker nach Belieben
Nudelholz

1 Kuchenform mit Ø 28 cm

ZUBEREITUNG

Den Zucker in die warme Milch einrühren. Hefewürfel in die Milch hineinbröckeln und verrühren. Kurz an einem warmen Ort gehen lassen.

Mehl in eine große Rührschüssel geben und die Hefemilch, das Eigelb und Salz hinzugeben. Mit einem Knethaken anfangen zu kneten.

Butter während des Knetvorgangs hinzugeben und den Teig etwa 8 Minuten lang verkneten. Anschließend zugedeckt an einem warmen Ort (zum Beispiel im Ofen bei 50 °C Umluft) mindestens 40 Minuten lang aufgehen lassen.

Ofen auf 200 °C Ober-/Unterhitze (180 °C Umluft) vorheizen. Den Teig nun auf eine bemehlte Arbeitsfläche geben und mit einem Nudelholz zu einem großen Rechteck ausrollen.

Die Butter mit Zucker und Zimt vermengen und den Teig damit großzügig bestreichen. An der längeren Seite zu einer Schnecke zusammenrollen.

Anschließend die Schnecke längs mit einem scharfen Messer halbieren und die Schnittseite nach außen drehen. Nun den Zopf um sich selbst wickeln, sodass die Schnittenden nach außen zeigen. Diesen gewickelten Zopf dann als große Schnecke in die Form legen. Nach Belieben mit weiterer Butter bestreichen und/oder mit Hagelzucker bestreuen.

Die Schnecke etwa 25–30 Minuten im Ofen (Mitte) goldbraun backen und am besten noch warm servieren.

LEBKUCHEN-LATTE-CUPCAKES

ZUTATEN

Für den Teig

140 g weiche Butter
200 g Zucker
120 g Melasse
2 Eier
2 Eigelb
310 g Mehl
1 EL Kakao
1 TL Zimt
1 TL Ingwerpulver
1 Prise Muskat
1 TL Backpulver
½ TL Natron
120 ml Milch
120 ml heißer Kaffee

Für das Frosting

45 g weiche Butter
150 g kühler Frischkäse
400 g Puderzucker

Außerdem

Papierförmchen
Spritzbeutel, Sterntülle
Lebkuchenmänner-Streusel (optional)

Für 16 Stück

ZUBEREITUNG

Den Ofen auf 200 °C Ober-/Unterhitze (180 °C Umluft) vorheizen. Ein Muffinblech mit Papierförmchen auslegen.

Butter mit Zucker cremig schlagen. Anschließend Melasse hinzugeben und weiterrühren. Eier und Eigelb einzeln zum Teig hinzugeben und gut verrühren.

Mehl mit Kakao, Zimt, Ingwer, Muskat, Backpulver und Natron vermengen. Milch mit Kaffee vermengen. Anschließend abwechselnd zum Teig hinzugeben und zu einem gleichmäßigen Teig verrühren.

Die Papierförmchen zu ¾ mit Teig füllen und etwa 18–20 Minuten im Ofen (Mitte) backen. Abkühlen lassen.

Für das Frosting die weiche Butter gut mit dem Frischkäse verrühren. Den Puderzucker nun einrieseln lassen und so lange hinzufügen, bis die Creme spritzfest wird. Zum Schluss auf hoher Rührstufe die Creme locker aufschlagen.

Creme in einen Spritzbeutel mit Sterntülle füllen und die Creme auf die Cupcakes auftragen. Nach Belieben mit Streuseln dekorieren.

EIERPUNSCH-CUPCAKES

ZUTATEN

Für den Teig
80 g weiche Butter
280 g Zucker
240 g Mehl
1 EL Backpulver
1 Prise Salz
2 Eier
240 ml Milch

Für das Frosting
160 g weiche Butter
500 g Puderzucker
½ TL Rum-Aroma
1 Prise Muskat
50 ml Milch

Außerdem
Papierförmchen
Spritzbeutel
Größere Sterntülle
Streusel oder Schneemänner aus Zuckerguss

Für 14–16 Stück

ZUBEREITUNG

Den Ofen auf 200 °C Ober-/Unterhitze (180 °C Umluft) vorheizen. Ein Muffinblech mit 12 Papierförmchen auslegen.

Butter mit Zucker, Mehl, Backpulver und Salz zu einer sandigen Masse verrühren.

Eier mit Milch verquirlen, während des Rührvorgangs zu der Mehlmischung geben und zu einem gleichmäßigen Teig verrühren.

Anschließend die Förmchen zu dreiviertelvoll mit Teig füllen und etwa 18–20 Minuten im Ofen (Mitte) goldbraun backen. Abkühlen lassen.

Für das Frosting Butter mit Puderzucker, Rum-Aroma und Muskat verrühren. Milch langsam unter ständigem Rühren hinzugeben und zum Schluss auf einer höheren Rührstufe die Creme locker aufschlagen.

Die Creme nun in einen Spritzbeutel mit größerer Sterntülle füllen und damit die Cupcakes dekorieren. Zum Schluss einige Streusel und/oder Schneemänner auf der Creme drapieren.

HEISSE-SCHOKOLADEN-CUPCAKES

ZUTATEN

Für den Teig
240 g Mehl
80 g Kakaopulver
1 TL Natron
1 TL Backpulver
170 g Butter
300 g Zucker
3 Eier
360 ml Milch

Für das Frosting
300 ml Sahne
60 g Puderzucker

Außerdem
Papierförmchen
Spritzbeutel mit großer Sterntülle
Zuckerstangen, gehackt

Für 12 Stück

ZUBEREITUNG

Backofen auf 200 °C Ober-/Unterhitze (180 °C Umluft) vorheizen und Backblech mit Cupcake-Förmchen auslegen.

Jetzt Mehl, Kakao, Natron und Backpulver vermengen und anschließend beiseitestellen.

Butter mit Zucker cremig schlagen. Eier einzeln hinzugeben.

Mehlmischung abwechselnd mit Milch zum Teig unter Rühren hinzugeben. Alles gut vermengen.

Die Cupcake-Förmchen zu dreiviertelvoll mit Teig füllen und etwa 18 Minuten im Ofen (Mitte) backen. Abkühlen lassen.

Für das Frosting Sahne mit Puderzucker steif schlagen. In einen Spritzbeutel mit Sterntülle füllen und dekorativ auf die Cupcakes auftragen.

Mit gehackten Zuckerstangen nach Belieben verzieren. Kühl stellen bis zum Servieren.

WEIHNACHTLICHE WHOOPIE PIES

ZUTATEN

Für den Teig
220 g Mehl
90 g Kakaopulver
½ EL Natron
½ TL Backpulver
110 g Butter
220 g Zucker
1 Ei
120 g saure Sahne
120 ml Milch

Für die Creme
180 g Zucker
2 Eiweiß
180 g weiche Butter
1 TL Minzextrakt

Außerdem
4–5 Pfefferminz-Zuckerstangen

Für 20 Stück

ZUBEREITUNG

Den Ofen auf 200 °C Ober-/Unterhitze (180 °C Umluft) vorheizen. Backblech mit Backpapier auslegen.

Mehl, Kakao, Natron und Backpulver vermengen.

Butter mit Zucker cremig schlagen, bis die Masse hell wird. Das Ei unterrühren.

Saure Sahne mit Milch verrühren und dabei abwechselnd mit dem Mehl zum Teig geben und gut vermengen.

Den Teig in einen Spritzbeutel mit runder Tülle füllen und auf das Backpapier gleich große Kreise spritzen (pro Blech etwa 20 Stück).

Die Whoopie Pies für 12 Minuten im Ofen (Mitte) backen. Abkühlen lassen.

Für die Creme den Zucker mit 30 ml Wasser in einem Topf erhitzen, bis der Zucker geschmolzen ist.

Mit einem Rührgerät das Eiweiß steif schlagen und dabei den heißen Zuckersirup hineingießen. Weiterschlagen und die Butter und den Minzextrakt dazugeben. Die Creme locker schlagen und in einen Spritzbeutel mit runder Tülle füllen.

Jeweils auf 20 Kuchenkreisen die Creme auftragen und mit einem weiteren Kuchenkreis bedecken, sodass Sandwiches entstehen.

Die Zuckerstangen klein hacken und die Creme zwischen den Kuchenhälften an den Rändern dekorieren.

NUSSIGE LEBKUCHENSCHNITTEN

ZUTATEN

Für den Teig
200 g kalte Butter
150 g Mehl
150 g Weizenvollkornmehl
50 g Zucker
½ TL Salz

Für den Belag
100 gebrannte Mandeln (Fertigprodukt)
60 g Zuckerrohr-Melasse
80 g goldener Zuckersirup (oder Blüten-Honig)
2 EL Rum
50 g Butter
2 Eier
2 TL Lebkuchengewürz
½ TL Salz
200 g Pekannüsse

Außerdem
Quadratische Springform oder Auflaufform (22 × 22 cm)

Für ca. 16–25 Stück

ZUBEREITUNG

Die Butter in Stückchen schneiden und mit den beiden Mehlsorten, Zucker, und Salz in einer Rührschüssel mischen. Mit den Knethaken des Handrührgeräts oder der Küchenmaschine so lange rühren, bis feuchte Krümel entstanden sind, die leicht an nassen Sand erinnern. Anschließend die Krümel mit den Händen rasch zu einem glatten Teig kneten.

Den Ofen auf 175 °C Ober-/Unterhitze (160 °C Umluft) vorheizen. Den Teig in eine mit Backpapier ausgelegte (Spring-) Form geben und mit den Händen flach und gleichmäßig auf dem Boden der Form festdrücken. Im heißen Ofen (Mitte) etwa 20 Minuten goldbraun backen, herausnehmen und leicht abkühlen lassen.

Inzwischen die Mandeln grob hacken. In einem Topf die Melasse, den Zuckersirup oder Honig, Rum, die gestückelte Butter, Eier, das Lebkuchengewürz und Salz langsam erhitzen, dabei mit einem Schneebesen gründlich rühren, bis die Butter geschmolzen ist. Nun bei niedriger bis mittlerer Hitze leicht unter Rühren kochen, bis die Masse cremig einzudicken beginnt. Dann die Mandeln unterrühren.

Die Gewürz-Mandel-Masse auf den Teigboden gießen und gleichmäßig verteilen. Pekannüsse nun obenauf streuen und eventuell leicht in die Masse eindrücken. Im heißen Ofen (Mitte) weitere 30 Minuten backen, bis die Masse fest ist.

Herausnehmen und auf einem Kuchengitter auskühlen lassen, dann den Kuchen ringsum am Rand mit einem Messer lösen und aus der Form nehmen. In 16 große oder 25 kleine Stücke schneiden. Wer mag, serviert zu den knusprigen Riegeln selbstgemachten Eierpunsch (s. S. 92).

EGG NOGG CHEESECAKE BARS

ZUTATEN

Für den Boden
100 g (Vollkorn-)Butterkekse

50 g Butter

Für den Belag
400 g Doppelrahmfrischkäse

200 ml Eierlikör

2 Eier (Größe M)

80 g Zucker

1 Päckchen Vanillezucker

2 EL Speisestärke

2 Msp. gemahlener Zimt

¼ TL gemahlene Muskatnuss

Außerdem
Quadratische Backform (22 × 22 cm)

Hitzebeständige Frischhaltefolie oder Mikrowellenfolie

Für ca. 25 Stück

ZUBEREITUNG

Den Backofen auf 175 °C Ober-/Unterhitze (160 °C Umluft) vorheizen. Die Kekse zerbrechen und im Blitzhacker fein mahlen (oder in einen Gefrierbeutel geben und darin mit einer Teigrolle zerkrümeln). Die Butter schmelzen und mit den Keksbröseln mischen.

Eine ofenfeste, rechteckige Form mit hitzebeständiger Frischhaltefolie auslegen. Bröselmasse hineingeben und auf dem Boden glatt und gleichmäßig festdrücken. Im heißen Ofen (Mitte) 12–15 Minuten braun backen. Herausnehmen und etwas abkühlen lassen.

Den Frischkäse mit den Schneebesen des Handrührgeräts oder der Küchenmaschine cremig schlagen, dann Eierlikör, Eier, Zucker und Vanillezucker zugeben und verrühren, bis sich alles gut verbunden hat. Zuletzt Stärke, Zimt und die Hälfte von der Muskatnuss unterrühren. Die Masse auf den Keksboden gießen und mit übriger Muskatnuss bestreuen.

Die Form mit dem Kuchen oben mit Alufolie abdichten, dann in eine große ofenfeste Form setzen und so viel Wasser hineingießen, dass die Kuchenform zu zwei Dritteln im Wasser steht. So weitere 40–45 Minuten im Ofen (Mitte) garen, bis die Käsemasse in der Mitte fest ist.

Form samt Kuchen herausnehmen. Die Kuchenform aus dem Wasserbad nehmen und mindestens 4 Stunden (besser über Nacht) ruhen lassen. Anschließend den Käsekuchen in 16 große oder 25 kleine Stücke schneiden.

TIPP

Wer keine Tannenbaum-Form besitzt, kann diesen Kuchen auch in jeder beliebigen Gugelhupf-Form backen!

TANNENBAUM-MARMORKUCHEN

ZUTATEN

Für den Teig
280 g Butter
150 g Zucker
6 Eier
200 g Marzipan
150 g saure Sahne
350 g Mehl
1 TL Backpulver
50 g Mandeln
3 EL Rum
3 EL Kakaopulver

Außerdem
Puderzucker zum Bestäuben

1 Tannenbaum-Gugelhupf-Form mit Ø 20 cm

ZUBEREITUNG

Ofen auf 190 °C Ober-/Unterhitze (170 °C Umluft) vorheizen. Gugelhupf-Form fetten.

Butter mit 100 g Zucker in einer großen Rührschüssel cremig schlagen. Eier trennen und das Eigelb nach und nach während des Rührens zur Buttermasse hinzugeben.

Das Marzipan in kleine Stücke schneiden oder zupfen und ebenfalls während des Rührens zur Teigmasse hinzugeben. Zu einem geschmeidigen Teig verrühren. Währenddessen das Eiweiß mit 50 g Zucker steif schlagen.

Zum Schluss die saure Sahne zum Teig hinzugeben und vermengen. Mehl mit Backpulver vermengen. Das Mehl und das Eiweiß portionsweise langsam unter den Teig heben.

Die Hälfte des Teigs nun in die Gugelhupf-Form geben. In die andere Hälfte die Mandeln, den Rum und den Kakao geben und gut vermengen. Anschließend die Form mit Teig füllen. Mit einer Gabel oder einem Holzspieß den Teig verwirbeln.

Den Kuchen etwa 40–45 Minuten im Ofen (Mitte) backen, bis ein in den Kuchen gestecktes Holzstäbchen trocken herausgezogen werden kann. Abkühlen lassen. Anschließend aus der Form stürzen und mit Puderzucker bestäuben.

ZIMT-ROSINEN-KUCHEN

ZUTATEN

220 g Mehl

1 Prise Salz

220 g Butter

220 g Zucker

1 TL Vanilleextrakt

5 Eier

200 g Rosinen

1 EL Zimt

1 Kastenform

ZUBEREITUNG

Den Ofen auf 200 °C Ober-/Unterhitze (180 °C Umluft) vorheizen und die Kastenform einfetten. Mehl mit Salz vermengen und beiseitestellen.

Die Butter mit dem Zucker hell aufschlagen (etwa 8 Minuten) und das Vanilleextrakt hinzufügen.

Die Eier leicht verquirlen und langsam während des Rührvorgangs dazugeben.

Zum Schluss auf einer niedrigeren Rührstufe das Mehl langsam hinzugeben. Etwas Mehl aufheben, die Rosinen darin schwenken und diese dann unterheben.

Den Teig in 2 Hälften teilen. Zimt zu einem Teil hinzugeben und gut verrühren.

Nun den Teig abwechselnd in die Kastenform geben und mit einer Gabel den Teig verquirlen. Den Kuchen für 50 Minuten im Ofen (Mitte) backen und danach mindestens 30 Minuten lang abkühlen lassen.

GLÜHWEIN-CHEESECAKE

ZUTATEN

Für den Boden

120 g Butterkekse

2 EL Zucker

2 TL Lebkuchengewürz

60 g Butter

Für die Füllung

1 kg Frischkäse

120 g Butter

220 g saure Sahne

350 g Zucker

5 Eier

2 Eigelb

Für den Guss

1 Packung gezuckerter, roter Tortenguss

250 ml Glühwein

Außerdem

Rosmarinzweige oder/und Cranberrys, gezuckert (siehe Seite 51)

1 Springform mit Ø 28 cm

ZUBEREITUNG

Ofen auf 200 °C Ober-/Unterhitze (180 °C Umluft) vorheizen und die Springform einfetten. Für den Boden die Kekse ganz fein mahlen und anschließend Zucker und Lebkuchengewürz unterrühren. Die Butter schmelzen, mit den Keksen vermengen und gleichmäßig in die Springform geben. Nun etwa 15 Minuten lang backen. Abkühlen lassen.

Die Springform in Aluminiumfolie wickeln, dazu 2 lange Streifen Aluminiumfolie als Kreuz übereinanderlegen. In die Mitte der Springform legen, die Folie bis hoch an den Rand andrücken und die Springform einwickeln. Anschließend die Springform in eine große hohe Auflaufform stellen.

Für die Füllung müssen alle Zutaten Raumtemperatur haben. Den Frischkäse mit Butter, saurer Sahne und Zucker vermengen. Während des Rührvorgangs die Eier und Eigelbe einzeln langsam unterrühren. Wenn alles gut vermengt ist, die Füllung in die Springform gießen. In die Auflaufform heißes Wasser geben, sodass die Springform zur Hälfte bedeckt ist.

Den Kuchen nun 60 Minuten im Ofen (Mitte) goldbraun backen, bis die Seiten etwas von der Form weichen und die Mitte noch etwas wackelig ist. Folie entfernen und abkühlen lassen. Über Nacht in den Kühlschrank stellen.

Den Kuchen aus dem Kühlschrank nehmen und vorsichtig die Ränder mit einem Messer lösen. Die Springform entfernen. Den Tortenguss nach Packungsanleitung zubereiten – dabei das Wasser durch Glühwein ersetzen und anschließend über die Torte gießen. Nach Belieben mit gezuckerten Cranberrys oder kleinen Rosmarinzweigen dekorieren.

BRATAPFEL-TORTE

ZUTATEN

Für den Teig
80 g weiche Butter
280 g Zucker
240 g Mehl
1 EL Backpulver
1 Prise Salz
1 TL Zimt
2 Eier
240 ml Milch
2 Äpfel
50 g Walnusskerne, gehackt

Für die Zimtcreme
150 g weiche Butter
300 g Puderzucker
2½ EL Milch
1 TL Zimt

Außerdem
80 g Marzipan
150 g Cranberrys, gezuckert (siehe Seite 51)

3 Backformen mit Ø 15 cm

ZUBEREITUNG

Zuerst drei 15-cm-Backformen einfetten und mit Backpapier auslegen. Dann den Ofen auf 200 °C Ober-/Unterhitze (180 °C Umluft) vorheizen.

Die Butter mit Zucker, Mehl, Backpulver, Salz und Zimt vermengen und so lange verrühren, bis die Konsistenz des Teigs sandartig wird.

Eier mit der Milch vermengen und langsam zu der Teigmasse hinzugeben. Zu einer glatte Masse verrühren.

Äpfel schälen und in kleine Würfel schneiden. Die gehackten Walnusskerne langsam unterheben und den Teig in alle 3 Formen verteilen.

Den Kuchen nun für etwa 20 Minuten im Ofen (Mitte) backen (mit einem Zahnstocher kontrollieren, ob der Teig fertig ist) und anschließend abkühlen lassen.

Für die Zimtcreme die Butter mit Puderzucker, Milch und Zimt zu einer lockeren Creme schlagen. Jeweils 40 g Marzipan dünn ausrollen.

Auf die erste Teigschicht die Zimtcreme auftragen, darauf das Marzipan geben und trimmen. So auch mit der zweiten Schicht fortfahren; mit der dritten Teigschicht abschließen.

Das komplette Törtchen nun mit Zimtcreme einhüllen. Anschließend mit den gezuckerten Cranberrys dekorieren.

SCHNEEWEISSE WINTERTORTE MIT MANDELN UND SCHOKOLADE

ZUTATEN

Für den Teig
60 g Schokolade
8 Eier
200 g Zucker
200 g gemahlene Mandeln
1 EL Paniermehl

Für die Creme
60 g Schokolade
4 Eier
200 g Zucker
1 EL Kaffeepulver
200 g Butter

Für die Meringue-Masse
2 Eiweiß
180 g Zucker

3 Backformen mit Ø 18 cm

ZUBEREITUNG

3 Backformen à Ø 18 cm einfetten. Den Ofen auf 200 °C Ober-/Unterhitze (180 °C Umluft) vorheizen. Schokolade schmelzen und abkühlen lassen.

Die Eier trennen und das Eiweiß steif schlagen. Den Zucker einrieseln lassen und das Eigelb und die Schokolade einrühren. Zum Schluss die Mandeln und das Paniermehl unterheben und den Teig auf die 3 Kuchenformen verteilen. Den Kuchen etwa 18–20 Minuten im Ofen (Mitte) backen. In der Form und dann auf einem Gitter abkühlen lassen.

Für die Creme die Schokolade klein hacken. Die Eier mit dem Zucker in einem Wasserbad schlagen, die Masse sollte hellgelb und von zäher Konsistenz sein. Vom Herd nehmen und Schokolade und Kaffeepulver einrühren, bis die Schokolade geschmolzen ist. Die Creme abkühlen lassen; zum Schluss weiche Butter hinzugeben und cremig aufschlagen. Bis zur Verwendung im Kühlschrank lagern.

Zunächst einen Kuchenboden mit Creme einstreichen, dann einen weiteren darauflegen und so verfahren, bis ein Kuchenboden den Abschluss bildet. Die Torte gut kühlen.

Für die Meringue-Schnee-Masse das Eiweiß steif schlagen und parallel dazu den Zucker mit 30 ml Wasser in einem Topf auf hoher Hitze unter ständigem Rühren auflösen. Anschließend während des Rührvorgangs den Zuckersirup langsam zum Eiweiß hinzugießen. Insgesamt etwa 8 Minuten rühren.

Nun die Meringue-Masse in einen Spritzbeutel mit mittlerer runder Tülle füllen und von oben nach unten Schneezapfen auf die Torte spritzen. Zum Schluss mit einem Bunsenbrenner die Oberfläche erhitzen, sodass sie goldbraun wird. Bis zum Servieren kühlen.

TIPP

Man kann den Biskuitteig auch mit einem Rum-Sirup (100 g Zucker mit 50 ml Rum aufkochen) tränken, bevor man die Maronen-Creme aufträgt!

BÛCHE DE NOËL

ZUTATEN

Für die Schokoladen-Ganache
250 g Zartbitterschokolade
360 ml Sahne

Für den Biskuitteig
120 g Mehl
1 Prise Natron
90 g Butter
6 Eier
150 g Zucker

Für die Maronen-Schoko-Füllung
200 g Maronen-Püree
150 g Butter
80 g Zartbitterschokolade

Für die Meringue-Pilze
220 g Zucker
4 Eiweiß
50 g Zartbitterschokolade

1 Rolle

ZUBEREITUNG

Rezept für den Bûche de Noël:
Die Ganache am Vorabend zubereiten und kalt stellen (Rezept siehe unten).

Den Biskuitteig backen und während der eingerollte Teig im Kühlschrank abkühlt, die Maronen-Creme machen (siehe S. 82).

Den Biskuitteig entrollen und mit Maronen-Creme bestreichen. Teig wieder einrollen und erneut kühlen.

Ganache cremig aufschlagen. Die Enden der Biskuitrolle schräg abschneiden und als Äste neben dem Stamm auf dem Teller arrangieren. Die Rolle mit der Ganache bestreichen, sodass ein Rindenmuster entsteht. Bis zum Servieren kühl stellen.

Kurz vor dem Servieren mit Meringue-Pilzen (siehe S. 82), etwas gehackten Pistazien als Moos, gezuckerten Cranberrys und kleinen Rosmarinzweigen dekorieren.

Rezept für die Schokoladen-Ganache:
Schokolade klein hacken und in eine Schüssel geben.

Sahne zum Kochen bringen und über die Schokolade gießen. 2 Minuten stehen lassen.

Die Masse verrühren, bis die Schokolade aufgelöst ist. Über Nacht in den Kühlschrank stellen.

Wenn der Kuchen bereit zum Einstreichen ist, Ganache mithilfe eines Rührgeräts locker cremig schlagen.

Rezept für den Biskuitteig:
Mehl mit Natron vermengen. Butter schmelzen, abkühlen lassen und beiseitestellen. Ein Backblech einfetten und mit Backpapier auslegen. Ofen auf 200 °C Ober-/Unterhitze (180 °C Umluft) vorheizen.

Eier mit Zucker verquirlen und in einem Wasserbad so lange unter Rühren erhitzen, bis sich der Zucker aufgelöst hat.

Anschließend die Masse so lange verrühren, bis sie sich verdoppelt hat. Das Mehl langsam unterheben und die Butter vorsichtig unterrühren.

Den Teig auf das Backblech geben und glatt streichen. Etwa 15 Minuten im Ofen (Mitte) goldbraun backen.

Ein Küchentuch leicht befeuchten und ein Backpapier darauflegen. Den Kuchen aus dem Ofen nehmen und vorsichtig auf das Backpapier stürzen. Das Backpapier abziehen. Die Ränder abschneiden und vorsichtig von der langen Seite mit dem Küchentuch einrollen. Im Kühlschrank abkühlen lassen.

Rezept für die Maronen-Schoko-Füllung:
Maronen-Püree mit Butter locker aufschlagen. Schokolade schmelzen, zu der Creme hinzugeben und gut vermengen.

Rezept für die Meringue-Pilze:
Backblech mit Backpapier auslegen und den Ofen auf 120 °C Ober-/Unterhitze (100 °C Umluft) vorheizen.

Zucker mit 60 ml Wasser in einem Topf erhitzen, bis der Zucker komplett aufgelöst ist.

Eiweiß steif schlagen und während des Rührens das heiße Zuckerwasser langsam hineingießen.

Insgesamt 8 Minuten lang steif schlagen und anschließend die Masse in einen Spritzbeutel mit runder Tülle geben.

Zunächst die Pilzstiele, anschließend die Hüte auf das Backpapier spritzen und dann etwa 2 Stunden im Ofen trocknen.

Die Spitze der Stiele abschneiden. Die Schokolade schmelzen, die Unterseite der Hüte damit bestreichen und jeweils an einem Stiel anbringen.

HEISSE-SCHOKOLADE-LÖFFEL

ZUTATEN

50 g Zartbitterschokolade

50 g Weiße Schokolade

Zur Dekoration
Streusel

Gehackte Pistazien

Mini-Mashmallows

Gehackte Zuckerstangen

Kokosflocken

Geschroteter Zimt

Außerdem
12 Holzlöffel

Für 12 Stück

ZUBEREITUNG

Die Schokolade in einem Wasserbad schmelzen und jeweils 1 Teelöffel Schokolade in die Holzlöffel geben.

Nach Belieben dekorieren und kurz in den Kühlschrank stellen, bis die Schokolade fest wird.

TIPP

Die feinen Schokolöffel sind die idealen Mitbringsel in der Weihnachtszeit, da sie lange haltbar sind und nicht nur mit ihrem Aussehen beeindrucken!

LEBKUCHENGEWÜRZ-MISCHUNG

ZUTATEN

1 TL Nelken

1 TL Ingwer

1 TL weißer Pfeffer

1 TL Kardamom

1 TL Koriander

1 TL Anis

2 TL Muskat

8 TL Zimt

Für 225 ml Ball Jar

ANLEITUNG

Alle Gewürze vermengen und in ein Glas füllen. Mit einer roten Schleife und einem kleinen Etikett, auf dem steht, was in dem Glas zu finden ist, ist diese Lebkuchengewürzmischung perfekt verpackt.

Trocken, kühl und dunkel lagern.

lebkuchen
gewurz

kalte Butter
Den Backofen auf 170 Grad vorheizen.

ESPRESSO-COOKIE-MISCHUNG IM GLAS

ZUTATEN

7g Espresso- oder Kaffeebohnen

30 g Kakaopulver

2 TL Espressopulver (instant)

50 g Rohrohrzucker

¼ TL Zimt

1 Prise Kardamom

1 Prise Salz

½ TL gemahlene Vanilleschote (alternativ 1 Päckchen Bourbon-Vanillezucker)

140 g Speisestärke

80 g Mehl

40 Schoko-Kaffeebohnen

Für 1 Glas und ca. 30 Kekse:

ANLEITUNG

Die Espressobohnen in einen Gefrierbeutel geben und vorsichtig mit einem Nudelholz zerdrücken. Anschließend mit dem Kakao und dem Espressopulver vermischen.

Den Zucker mit Zimt, Kardamom, Salz und der Vanilleschote gut vermischen.

Alle Zutaten wie folgt nacheinander in ein Glas schichten: Speisestärke, Kakaomischung, Mehl, Zuckermischung und zuletzt die Schoko-Kaffeebohnen auflegen.

Das Glas verschließen und hübsch dekorieren oder verpacken. Die Kopiervorlage des Rezepts findest du auf S. 95.

FÜR DICH
MIT LIEBE
HOME-MADE

COOKIE BAGS

ZUTATEN

Backpapier

Papierbeutel

farbiges Nähgarn

Nähmaschine oder Nähnadel

Aufkleber von S. 94/95

doppelseitiges Klebeband

ANLEITUNG

Den Keks zwischen einen Backpapierstreifen legen, in einen kleinen Papierbeutel schieben, zufalten und mit der Nähmaschine zunähen.

Die Aufkleber auf dickeres Papier kopieren oder direkt ausdrucken. Auf der Rückseite mit doppelseitigem Klebeband bekleben und ausschneiden. Den Klebestreifen abziehen, auf die Beutel kleben und das kleine Keksglück verschenken.

EIERPUNSCH

ZUTATEN

250 ml Milch
125 ml Sahne
1 Zimtstange
1/3 Vanilleschote
3 Eier (Größe L)
100 g Zucker
80 ml Bourbon Whiskey
Salz
geriebene Muskatnuss

Für 2–3 Becher

ZUBEREITUNG

Milch und Sahne mit der Zimtstange in einen Topf geben. Vanilleschote aufschlitzen, das Mark herauskratzen und mit der Schote dazugeben. Unter Rühren zum Kochen bringen, dann bei niedriger Hitze 10 Minuten ziehen lassen.

Die Eier trennen, Eiweiße zugedeckt in den Kühlschrank stellen. Eigelbe und Zucker cremig, weiß und dick rühren. Zimtstange und Vanilleschote aus der Milch fischen, dann die warme Milch nach und nach mit dem Schneebesen unterrühren, zuletzt den Whiskey dazugeben. Zugedeckt mindestens 1 Stunde im Kühlschrank kühlen.

Die Eiweiße mit 1 Prise Salz steif schlagen. Unter die Eiermilch rühren, in Gläsern mit Muskatnuss bestreut servieren.

HEISSER CIDER

ZUTATEN

15 g frischer Bio-Ingwer
1 Bio-Orange
2 Sternanis
1 Zimtstange
400 ml trockener Cidre
3 EL Orangenlikör
2 EL brauner Kandiszucker

Für 2 Becher

ZUBEREITUNG

Den Ingwer gründlich abbürsten und in Scheiben schneiden. Die Orange heiß waschen, Schale dünn abziehen und den Saft auspressen. Die Hälfte der Orangenschale, den frisch gepressten Saft, Ingwer, Sternanis und Zimt mit dem Cidre in einen Topf geben und langsam zum Kochen bringen. Dann bei niedriger Hitze 10 Minuten zugedeckt ziehen lassen.

Orangenlikör unterrühren und den heißen Cider (eventuell durch ein feines Sieb) in hitzebeständige Tassen oder Gläser füllen, Kandiszucker darauf verteilen und servieren.

WEIHNACHTLICHE SCHOKOLADE

ZUTATEN

2 Kardamomkapseln
1 Stange Zimt
2 Nelken
400 ml Milch
100 g Zartbitterschokolade
Außerdem:
Mini-Marshmallows
Karamellsirup

Für 2 Becher

ZUBEREITUNG

Kardamomkapseln im Mörser leicht anquetschen und mit Zimt, Nelken und der Milch in einen Topf geben. Unter Rühren langsam aufkochen, dann bei niedriger Hitze zugedeckt 15 Minuten ziehen lassen.

Inzwischen die Schokolade hacken. Milch durch ein Sieb in einen Topf gießen. Schokolade hineingeben und unter Rühren darin schmelzen lassen. Schokolade in Tassen oder Gläser gießen und reichlich Marshmallows obenauf geben, anschließend mit Karamellsirup überträufeln.

SCHNEEWEISSE SCHOKOLADE

ZUTATEN

300 ml Milch
200 g Sahne
⅓ Vanilleschote
80 g weiße Schokolade
1–2 Candy Canes

Für 2 Becher

ZUBEREITUNG

Milch und 100 g Sahne in einen Topf geben, Vanilleschote aufschlitzen, das Mark herauskratzen und mit der Schote dazugeben. Alles unter Rühren zum Kochen bringen, dann 5 Minuten zugedeckt bei niedriger Hitze ziehen lassen.

Inzwischen übrige Sahne mit den Schneebesen des Handrührgeräts steif schlagen. Schokolade und Candy Canes getrennt grob hacken.

Vanilleschote aus der Milch fischen, Schokolade hineingeben und unter Rühren schmelzen lassen. Dann die Schokolade in Tassen oder Becher füllen, Sahne daraufgeben und mit den Candy-Cane-Bröseln bestreuen.

KOPIERVORLAGEN

Die Anhänger auf farbiges, dickeres Papier kopieren. Ausschneiden, lochen, ein hübsches Band durchfädeln und einem lieben Menschen eine Freude bereiten.

FÜR DICH

HOME-MADE

HOME-MADE

FÜR DICH

TEA-TIME TEA-TIME

TEA-TIME TEA-TIME

FÜR DICH

TEA-TIME TEA-TIME

TEA-TIME TEA-TIME

ESPRESSO-COOKIES

DAS BRAUCHST DU NOCH:
120 g kalte Butter

ZUBEREITUNG:
Die Schokobohnen aus dem Glas nehmen und beiseitestellen. Alle anderen Zutaten mit der Butter in eine Schüssel geben und mit den Knethaken des Rührgeräts zu einem glatten Teig verarbeiten. Die Schokobohnen hinzugeben und unterkneten. Anschließend mit den Händen nochmal kurz durchkneten.

Den Backofen auf 170 °C vorheizen. Aus dem Teig walnussgroße Kugeln formen und diese auf ein mit Backpapier belegtes Backblech legen. Etwas flachdrücken und ca. 12–15 Minuten backen.

Aus dem Ofen nehmen, kurz auf dem Backblech abkühlen lassen und auf einem Kuchengitter vollständig auskühlen lassen.